La guía definitiva para elegir tu *software* de gestión empresarial

(y no atarte de pies y manos)

Los autores. Para ser honestos deberíamos decir que los autores reales de esta guía han sido nuestros clientes. Ellos nos han transmitido, con mayor o menor grado de desazón, la mayoría de situaciones que detallamos, y nos han hecho ver la necesidad de recogerlo todo y de darle un formato que pueda ser útil para otras empresas que deban afrontar la compra o sustitución de un ERP.

Pero si bien los clientes han sido una fuente de inspiración impagable, la guía la hemos redactada y editada internamente. Prácticamente todos los que formamos parte de NaN-tic hemos hecho algún tipo de aportación que está recogida en estas páginas. Sin embargo, hay dos personas que se han hecho cargo del proyecto:

Albert Cervera

De él salió la idea. Albert fue quien consideraba imprescindible generar este tipo de contenido, quien pensó en cómo debía organizarse, quien hizo los primeros borradores y quien ha supervisado el proyecto.

Sorprendentemente Albert no es editor literario, sino ingeniero informático y tiene un postgrado en dirección financiera. Pero también es uno de los socios fundadores de NaN-tic y el consultor de la mayoría de proyectos importantes en los que trabaja la compañía. Su desmesurado interés por el *open source* le ha llevado a colaborar en diferentes iniciativas relacionadas con las tecnologías libres. Si te interesa este ámbito es posible que te lo encuentres como ponente de alguna conferencia o como colaborador de algún proyecto destacado.

Marc Redorta

Es quien ha ordenado, escrito, revisado y traducido casi todo lo que has leído en estas páginas.

Marc es consultor en comunicación y marketing, con experiencia en diferentes empresas y proyectos relacionados en el ámbito del software de gestión empresarial. Colabora con NaN-tic desde 2012, ayudándonos a posicionar la empresa y a conseguir más y mejores clientes. También ha trabajado en diferentes administraciones y medios de comunicación de alcance nacional. Y, admitámoslo, tiene cierta gracia escribiendo.

Índice

1 / Si estás leyendo estas líneas 4

2 / SOS ¡necesito un *software!* 6

3 / ¿Cómo se empieza a buscar un ERP? 8

4 / Los primeros nombres, los que más pagan 10

5 / Es mejor el *software* libre 13

6 / Comienza la ronda de consultas 15

7 / Las 10 preguntas que debes hacer antes de elegir la herramienta 23

8 / Decide 29

9 / Los consejos imprescindibles 30

10 / Glosario 31

11 / Anexo. Algunas consideraciones sobre el *software* libre 35

1 / **Si estás leyendo estas líneas,** lo más probable es que te estés planteando instalar un nuevo *software* en tu empresa. O también es posible que ya lo hayas hecho en el pasado y que la experiencia haya sido suficientemente dolorosa como para que ahora quieras intentar entender en qué te equivocaste. Pues sigue leyendo.

Decidimos escribir esta guía tras constatar cómo de preocupados estaban los directivos y los informáticos que se nos acercaban para pedirnos consejo. La gran mayoría o bien habían pasado por una mala experiencia previa o bien tenían pánico a tenerla que pasar. Y como nos gusta compartir lo que conocemos, optamos por revisar cuáles son los principales errores que se cometen a la hora de seleccionar un *software* de gestión. Y a continuación pensamos en qué recomendaciones podemos hacer para minimizarlos.

Y aquí la tenemos. *La guía definitiva para elegir tu software de gestión empresarial* quiere ser como la receta de cocina que te permite crear un plato al que no te has enfrentado nunca reduciendo los riesgos más importantes y, al mismo tiempo, dejando margen a tu iniciativa. Porque, en el fondo, y como podrás comprobar enseguida, el principal problema es que habitualmente no hay nadie suficientemente preparado en la empresa para tomar una decisión como esta. El desconocimiento del producto y de la tecnología nos deja a merced de los comerciales y de sus habilidades para vender, y demasiado a menudo acabamos decidiendo basándonos en la intuición y no en la información real que tenemos.

Y antes de empezar, una última cosa... No esperes que te digamos qué *software* es el que tienes que escoger. No nos corresponde a nosotros. Te explicaremos cómo afrontar el proceso, te diremos en qué debes fijarte y qué preguntas debes hacer a los comerciales, te señalaremos las trampas más habituales que puedes encontrar en el camino e incluso como superarlas. Pero no hemos escrito esta guía para venderte un producto. Queremos ayudarte a afrontar el proceso de selección con información y sin la inquietud y la tensión de no saber si lo que te estás quedando es lo que realmente necesitas y si tiene el precio que debe tener.

Eso sí, no queremos obviar que nos gusta mucho el *software* libre, aquel *software* hecho de forma cooperativa y que se puede modificar y distribuir libremente, sin restricciones de ninguna clase. Forma parte de nuestra manera de entender el

mundo en el que vivimos y trabajamos. Por eso también queremos aprovechar estas páginas para explicar qué pueden ofrecer las tecnologías libres a las empresas. Queremos que las contemples como una posibilidad más dentro del amplio abanico de soluciones de gestión que hay en el mercado, y que después puedas decidir qué es lo que te interesa con convicción y con libertad.

2 / SOS ¡necesito un *software!*

Lo sabes. La gestión de tu empresa se acerca peligrosamente a los límites del caos. La gestión diaria no está sistematizada. Los clientes no reciben los productos o servicios en el tiempo que deberían. El proceso de facturación es cada vez más complejo. Los cambios normativos y fiscales te suponen extraordinarios dolores de cabeza adicionales. La información no está centralizada. Los comerciales utilizan herramientas poco ágiles. No dispones de la información adecuada para tomar soluciones estratégicas. Eres incapaz de planificar adecuadamente recursos. Tus perspectivas de crecimiento se ven muy limitadas. La tecnología actual ya no se adapta a las herramientas que adquiriste hace demasiados años... En definitiva, estás perdiendo el control de la compañía.

Y reconozcámoslo: seleccionar un ERP, un CRM o cualquier herramienta de gestión genera una pereza extraordinaria. El proceso será largo y la inversión tardará meses a volver en forma de beneficios. Los empleados que deberán usar el nuevo sistema lo rechazarán de entrada y, por si fuera poco, nunca tendrás la certeza de que has tomado la decisión más adecuada. Tienes que acertar producto y proveedor, por un precio justo y con una tecnología que no te quede corta en pocos años ni que te sobre programa por todas partes. A no ser que tu proveedor informático cuelgue los cables o te diga que se jubila, nunca llega el momento ideal para empezar a mirar alternativas.

La tentación de cerrar la guía en este punto es grande, lo sabemos. Pero precisamente por esto nos hemos molestado en escribirla. Nadie ha dicho que esto sería fácil.

De entrada debemos tener en cuenta que el número de veces que se adquiere una solución informática de estas características en una empresa es relativamente pequeño. Una persona también afronta pocas veces este proceso a lo largo de su vida profesional y, además, desde una vez a la siguiente, las tecnologías han cambiado tanto que buena parte de la experiencia es difícilmente aprovechable.

Por otra parte es importante pensar en las consecuencias, en qué significará tener este nuevo programa para la organización. A menudo se habrán puesto grandes expectativas, pero esto también significa que nos creará una enorme dependencia. Y recordemos que no sólo tendremos dependencia del producto, sino a menudo

también de la empresa que nos provee los servicios, bien sean de consultoría, formación, programación o alojamiento.

Así pues, **CONSEJO NÚMERO 1: comienza a quitarte de la cabeza la idea de seleccionar el programa rápidamente y de ponerlo en marcha en pocos días o semanas.**
No porque no sea factible, que podría serlo en algunos casos, sino por las consecuencias que tendrías al día siguiente y que no son para nada recomendables.

3 / ¿Cómo se empieza a buscar un ERP?

Las tres maneras más habituales son las siguientes:

a. Dile al informático que busque un ERP.
b. Me han dicho que hay un ERP que es la bomba.
c. No tengo ni idea de qué ERP puedo necesitar.

Casi siempre los tres casos terminan de la misma manera, es decir, con alguien que entra en Google y empieza a buscar proveedores de este tipo de herramientas. En el primer caso, el informático seguramente centrará más su búsqueda según criterios tecnológicos. En cambio, en el segundo caso, probablemente se empezará buscando un producto de un fabricante determinado que nos venga recomendado por alguien. Y en el último caso, se iniciará el proceso de una forma absolutamente aleatoria.

Pero la cadena de palabras claves que se pongan en el buscador que desde hace unos años guía nuestras vidas condicionará extraordinariamente el proceso que está a punto de empezar.

Los algoritmos que rigen los motores de indexación y búsqueda de Google son el secreto mejor guardado del siglo XXI. Nadie sabe exactamente cómo investigan, indexan y clasifican las búsquedas que aparecen después de poner alguna palabra clave. Pero hay una máxima que nunca falla: quien más dinero se gasta en Google, más posibilidades tiene de ser encontrado.

En la mayoría de ocasiones, el proceso de búsqueda de un ERP arranca escribiendo alguna de las palabras siguientes al buscador:

ERP, PROGRAMA DE GESTIÓN EMPRESARIAL, *SOFTWARE* DE GESTIÓN, ERP BARATO...

Y la magia de Google (combinada con la inversión de los anunciantes) ofrecerá unos resultados determinados.

En este punto hay que decir que no se han registrado casos de gente que haya pasado de la primera página de búsquedas, a pesar de que hay cientos de ellas. Todo el mundo se queda con lo que ve en la pantalla después de pulsar el icono de la lupa.

Y normalmente, de los resultados que obtiene, selecciona de un primer vistazo los que se ajustan más a lo que está buscando y los abre en pestañas correlativas. La primera selección, pues, está hecha.

Los fabricantes o distribuidores que estén en alguna de las pestañas abiertas tienen muchísimas más posibilidades de conseguir un nuevo cliente que los que se han quedado como un triste y simple enlace más ofrecido por el buscador. Y lo saben. Por eso verás que si haces la búsqueda con diferentes palabras, los resultados que ofrece Google casi siempre son los mismos.

Posiblemente este sea uno de los primeros y más importantes errores en el proceso. La búsqueda del producto que necesitas debe hacerse alejada de los proveedores y los agentes comerciales. Tanto si eres el director general de la empresa, como si eres el gerente o el responsable informático, te recomendamos que inviertas un tiempo a recopilar documentación sobre lo que hay en el mercado y que lo plasmes en un documento. Hay que hacer una lista, por ejemplo, de 10 productos, el máximo de diferentes entre sí, y, al lado de cada producto, recoger las ventajas e inconvenientes que hayan detectado aquellas personas que ya lo hayan instalado en su organización. Para ello habrá que navegar por foros de usuarios, leer artículos de revistas o consultar blogs especializados. Pero no será un tiempo perdido, todo lo contrario. Con esta información podrás hacer una especie de lista de puntos fuertes y puntos débiles asociados a cada producto que te permitirá tener un primer mapa visual de los problemas y las oportunidades que tienes por delante. Y que no son pocos.

Y aquí llega el **CONSEJO NÚMERO 2: la primera búsqueda debe ser más exhaustiva de lo que pensabas. Deberás dedicar más tiempo, ampliar el zoom y alejarte los mensajes comerciales intencionados.** Si lo haces, reducirás mucho las posibilidades de equivocarte.

4 / Los primeros nombres, los que más pagan.

Esto es así y te lo demostraremos. Has empezado la búsqueda y enseguida han llegado a la tu pantalla los nombres de los productos de grandes fabricantes: Microsoft (Navision), SAP (Business One), Sage (Murano), Oracle... Es importante ponerlos en la lista y tenerlos en cuenta, así como también hacerlo con otros prodcutos más "artesanales" que también te llegarán. Pero casi seguro que todos ellos tienen una cosa en común: son programas privativos.

El *software* privativo es el que hemos conocido toda la vida. Es el Windows, Outlook o Office. Son aquellos programas de los que no hemos mirado nunca la licencia y sabemos, lo hayamos cumplido o no, que legalmente no podemos hacer copias. Y como usuarios tampoco nos hemos preocupado de investigar si el programa hacía exactamente lo que nos decían o hacía algo más que quizá no deseábamos (por ejemplo, se ha podido demostrar que productos de Microsoft enviaban información del usuario al fabricante sin su consentimiento).

Estos programas los compramos y los instalamos en nuestros sistemas. Incluso los hay que ya vienen instalados de origen. Si queremos las nuevas versiones, normalmente vamos pagando y si no queremos pasar a las siguientes versiones, dejamos de pagar y se ha acabado la historia. Mirar la licencia del producto, reconozcámoslo, da pereza, pero siempre ofrece más tranquilidad. Se han dado casos de personas que pensaban que habían comprado e instalado un ERP en su ordenador y resulta que estaban simplemente de alquiler según la licencia, con los costes añadidos que esto suponía de actualizaciones y nuevas versiones.

En el ámbito del *software* libre, todo esto es radicalmente diferente. Lo que calificamos como *software* libre o código abierto son aquellos programas que pueden ser modificados o copiados de forma libre y legal porque el usuario tiene acceso al código fuente. De inmediato entraremos en las ventajas y los inconvenientes que ello conlleva, pero así, de entrada, esta característica ya desvanece cualquier inquietud a la hora de hacer copias del programa. Con el *software* libre, el concepto "licencia" queda completamente devaluado, no importa. Podemos copiarlo e instalarlo en tantos equipos como queramos sin preocuparnos por ello. Estamos haciendo algo completamente legal y gratuito.

Para entender un poco mejor todo esto del *software* libre déjanos explicártelo con **LA METÁFORA GASTRONÓMICA.**

Una licencia es el conjunto de restricciones que el propietario intelectual de una obra impone a aquellas personas a las que cede la posibilidad de hacer uso de ella. Y, tradicionalmente, los programas informáticos han puesto restricciones bastante severas al comprador/consumidor respecto al derecho de hacer nuevas copias o al de modificarlos para adaptarlos a las propias necesidades. De hecho, muchos de los programas son tan opacos que no ha sido posible ni examinarlos por un profesional para averiguar si hacen realmente aquello por lo que han sido comprados.

Podríamos decir que el código fuente es a los programas informáticos lo que una receta es a un plato de cocina. Un cocinero puede decidir hacer tres cosas con un plato que haya creado: en primer lugar, puede decidir que no hará pública la receta. Esto quiere decir que quien quiera comer ese plato sólo puede hacerlo yendo en su restaurante. Este sería el caso del *software* de propiedad, lo más habitual hoy en día. Si quieres utilizar el programa, lo compras, pero no podrás saber cómo está hecho.

Pero el cocinero también puede decidir explicar los ingredientes que componen la receta para que tengamos la tranquilidad que el plato no nos hará daño. Lo apreciarán los celíacos, los intolerantes a la lactosa o los alérgicos a algunos alimentos. Pero resulta que el cocinero decide darnos los ingredientes pero no explicarnos los pasos que ha seguido para la elaboración de la receta. En el ámbito informático, estaríamos ante el caso de una licencia que nos permite ver el código, pero no reproducir ni adaptar el programa a nuestras necesidades.

Finalmente, el cocinero también puede decidir facilitar la receta completa, de manera que quien quiera podrá intentar hacer el plato en casa o adaptarlo a sus gustos o necesidades. Fijémonos en que en este caso, el cocinero sólo se podrá ganar dinero si es capaz de innovar constantemente. No tendrá ninguna exclusividad, porque el comensal podrá decidir en cualquier momento cocinarse el plato él mismo. En el fondo no vas al restaurante a sólo comer... quieres que te sorprendan con nuevos platos y nuevas recetas. De hecho, los clientes de El Bulli no iban al restaurante atraídos simplemente por el renombre de Ferran Adrià, sino por su capacidad de sorprenderles. Y lo mismo sucede con el *software* libre: no servirá para nada hacer una cosa bien hecha una sola vez y luego vivir una temporada, porque todo el mundo lo podrá copiar e incluso mejorarlo, ya que dispondrá de toda la información necesaria para hacerlo.

Y hasta aquí LA METÁFORA GASTRONÓMICA porque la cosa es aún más compleja. Sólo en *software* libre podemos encontrar más de cuarenta tipos de licencia

diferentes, pero tendrán el denominador común que siempre se facilitará la receta completa y el consumidor podrá reproducirla y adaptarla siempre que quiera. No es el objetivo de la guía hacer un máster al lector sobre las licencias de *software*, pero vale la pena mencionar, para aquel que tenga interés, la web http://www.tldrlegal.com donde se resumen de forma muy clara y comprensible las diferencias y las características de un buen número de licencias libres.

El problema es que, durante la fase de investigación, algunas de estas alternativas que pueden ser estratégicamente interesantes y que, como mínimo, conviene tener en cuenta no aparecen entre los primeros resultados de Google.

5 / ¿Es mejor el *software* libre?

Es difícil de decir. El hecho de ser libre o privativo no lo hace necesariamente mejor o peor. Es decir, hay programas privativos muy buenos y otros muy malos. Y pasa exactamente lo mismo con el *software* de código abierto. Lo que ocurre es que el *software* libre acostumbra a partir con una cierta desventaja, especialmente en el ámbito de los ERP.

Los ERP privativos hechos por los grandes fabricantes siempre van acompañados de mucho más marketing y de más renombre. Esto hace que sea mucho más fácil encontrar a alguien del sector que ya tenga una herramienta privativa que no de *software* libre. ¿Esto hace la herramienta mejor? No. A veces puede dar más tranquilidad al usuario y, especialmente, al responsable directo de la compra. Nuestra experiencia nos indica que, muy a menudo, quien se acaba quedando con un producto de SAP o Microsoft lo hace, no por convencimiento, sino para minimizar riesgos. Es decir, lo hace porque sabe que, internamente, nadie le podrá criticar la decisión de adquirir una herramienta que ya utilizan miles de empresas de todo el mundo, aunque quizás sea más cara y esté más alejada de lo que realmente necesita.

En este punto quizás lo que toca es hacer una lista de las principales ventajas y los inconvenientes que presentar el *software* libre:

Ventajas

- Suele ser gratuito. No es necesario que te sientas como un delincuente cuando lo copias ni que pidas favores a nadie para que te pase códigos de licencia.

- Es flexible. Casi nunca te has de quedar con más *software* del que necesitas, ni tampoco se te quedará corto. Puede crecer al ritmo de tu negocio.

- Es transparente. Nadie te puede engañar. Cualquier informático puede ver cómo está programado y hacer las modificaciones que le pidas.

Inconvenientes

- Es diferente. Optar por el *software* libre puede conllevar migrar bases de datos y otros elementos hacia este tipo de tecnología.

- Es minoritario. A pesar de que cada vez tiene más adeptos, todavía hay reticencias a la hora de apostar por una tecnología no mayoritaria, especialmente en el campo de los ERP.

- Es accesible. Cualquier persona puede atreverse a tocar un programa en código abierto porque puede acceder a él libremente, con el riesgo que ello conlleva.

Dicho todo esto, llegamos al **CONSEJO NÚMERO 3: cuando hagas la investigación, no descartes nunca las soluciones en *software* libre. Analízalas y valóralas sin prejuicios y pensando en el beneficio para tu empresa.** Y luego, toma la decisión que te parezca más adecuada.

6 / Comienza la ronda de consultas. Y enlazando con el consejo número 3, llega el **CONSEJO NÚMERO 4: ni se te ocurra escoger una herramienta de gestión tú solo. Aunque suponga invertir tiempo de otros empleados y directivos de la compañía, escucha mucho su opinión y hazlos participar de la decisión final.** Te ayudarán más de lo que te puedes llegar a imaginar.

¿Por qué es tan difícil escoger una herramienta de gestión empresarial? Pues porque seguro que no lo harás muy a menudo. Un ERP, por ejemplo, es un tipo de herramienta que, en principio, debe acompañar la empresa un buen número de años, especialmente si la empresa va creciendo y hay posibilidades de hacerla crecer al mismo ritmo. Por tanto, es muy posible que la persona que tenga que afrontar el proceso de selección de la herramienta no lo haya hecho nunca. O que haga tanto tiempo de la última vez que la experiencia no sea muy aprovechable. Las necesidades y la configuración de la compañía seguro que ha cambiado, y todavía lo habrá hecho más la tecnología, con nuevas soluciones e incluso nuevos modelos de negocio por parte de los posibles proveedores.

Hará falta ayuda. Lógicamente es poco operativo y poco recomendable implicar a toda la compañía en el proceso de selección de la herramienta. Pero queremos señalar los agentes que según nuestra experiencia es imprescindible que participen. Son: **el responsable de área, el director TIC, el director financiero y el director general.**

El responsable de área

Si estás pensando en seleccionar un *software* para atender las necesidades de un área concreta, necesitarás la complicidad del responsable de esa área. Es decir, si el departamento comercial necesita un CRM para gestionar las oportunidades de negocio y las ventas, habrá que contar, y mucho, con su opinión. Si buscas una herramienta de gestión de almacenes, será básico saber qué necesidades tiene el responsable del almacén.

El problema es si necesitas un ERP. Un ERP es una herramienta muy transversal y afecta, prácticamente, a todos los departamentos de una empresa. La producción, el almacenamiento, la distribución, la facturación, la contabilidad, los recursos humanos... incluso el área comercial o el servicio postventa pueden necesitar o utilizar el ERP u otras herramientas que vayan vinculadas. La buena noticia, pues, es que si has decidido poner

un ERP o sustituir el que ya tienes, podrás mejorar el rendimiento de prácticamente todos los departamentos de la compañía. La mala noticia es que si no tomas la decisión acertada, nadie se salvará. El escenario es, pues, el siguiente: tienes que tomar una decisión estratégica que afectará de forma determinante la productividad de la compañía, así como sus posibilidades de crecimiento a medio y largo plazo. Y toda la gente que te intentará vender su producto hace diariamente lo que tú quizás no has hecho nunca o, en el mejor de los casos, lo que hiciste hace un montón de años.

¿De verdad que todavía quieres tomar esta decisión tú solo? Si quieres minimizar los riesgos, habla poco y escucha mucho. Fórmate tanto como puedas. Y, sobre todo, escucha a quien más tendrá que utilizar el programa.

El director TIC

Imagínate que tienes que comprar un coche. ¿Verdad que si tuvieras un mecánico en la familia sería absurdo no pedirle consejo? Es más, ¿verdad que su punto de vista tendría un valor añadido importante a la hora de tomar la decisión? ¿Verdad que escucharías atentamente las ventajas e inconvenientes que pueden tener los diferentes modelos que te gustan? ¿A que le preguntarías sobre el mantenimiento futuro de cada uno de estos modelos? Pues pasa exactamente lo mismo con la selección de una herramienta de gestión para tu empresa.

El director TIC, e incluso los técnicos informáticos, deben participar desde el primer día del proceso de selección. De hecho, ellos saben cuáles son las mejores herramientas, y no por las funcionalidades que ofrecen al usuario, sino por cómo están construidas. Ellos saben cuáles motores van mejor o peor, cuáles son más fáciles de reparar, cuáles utilizan una tecnología robusta y moderna, y cuáles han quedado desfasados.

Y aquí es donde, en general, el *software* libre ofrece una ventaja competitiva indiscutible: es completamente transparente. Cualquier persona puede analizar hasta el último detalle de cómo está construido el *software* y, llegado el caso, puede modificarlo libremente para adaptarlo a sus necesidades específicas. No hay trampas, no hay sorpresas, no hay falsas expectativas.

Además, se puede dar la circunstancia de que el resto del directivo de la compañía no sepa calibrar exactamente el volumen de trabajo que pueden suponer las adap-

taciones o modificaciones que sean necesarias. O, incluso, que nadie entienda el grado de compatibilidad entre las diferentes herramientas que ya están instaladas... Por lo tanto, la opinión del director de tecnología, del jefe de los mecánicos, debe ser siempre muy tenida en cuenta. Al fin y al cabo, él deberá colaborar en la instalación e implementación de la nueva herramienta y deberá ayudar a sincronizarla con el resto de *software* preexistente. Obviar o menospreciar su criterio es un error que se puede terminar pagando muy caro.

El director financiero

Suele ser el malo de la película. Su trabajo es tener el control económico de la compañía y analizar cómo puede optimizar sus recursos. Por lo tanto, cualquier inversión le puede parecer que llega en mal momento, que no está suficientemente justificada o que es excesiva. O las tres cosas a la vez (para qué engañarnos).

Es necesario que te esfuerces para vencer las resistencias iniciales y ganártelo para la causa. Y la manera de hacerlo es enseñarle los beneficios que tendrá para la empresa en general, y para su tarea en particular, la instalación de la herramienta que estás valorando.

En el fondo, un ERP es control. Es unificación de la entrada de los datos, más trazabilidad, menos circuitos y procesos internos, una capacidad mejor de planificación y de producción, una capacidad de análisis mayor y, en última instancia, más y mejor información para tomar decisiones estratégicas.

Pero, a pesar de todo esto, un ERP cuesta dinero y tiempo. Por un lado, supone una inversión económica importante que condicionará el día a día de la empresa e, incluso, sus posibilidades de crecimiento a corto y medio plazo. Pero por otra parte requerirá también de muchas horas de trabajo en el proceso de selección, durante la implementación, en la fase de formación y, finalmente, en la adaptación al nuevo sistema para prácticamente todos los miembros de la empresa que tengan que introducir datos. Por lo tanto, la presencia del director financiero en el proceso es indiscutible.

Y llegamos a una de las preguntas más complicadas de responder: "¿Qué vale un ERP?". Y la respuesta más ajustada es "Lo que tú te quieras gastar". Los ERP de *software* libre son gratuitos. Coste del programa = 0. Y, paralelamente, existen

productos en el mercado dirigidos a grandes corporaciones que tienen un precio extraordinariamente alto. Pero esto tampoco significa gran cosa. Un ERP no se instala como una aplicación para el móvil... Requiere muchas horas de trabajo de informáticos para que recoja la información de donde toca, la procese como se espera y la muestre de forma adecuada. Y esto se debe analizar antes, con detenimiento, para asegurar que no aparecerán necesidades sobrevenidas. Además, debe integrarse con las otras herramientas y bases de datos que ya existan en los servidores de la compañía, se deben hacer migraciones, se realizarán pruebas, se hará formación a los usuarios y se debe hacer "el arranque", un concepto que produce ilusión y pánico a partes iguales entre los que han comprado el producto y los que lo han vendido.

Pero todavía hay mucho más. Comprar un ERP o una herramienta de gestión similar no tiene nada ver con ningún otro proceso de compra o contratación de servicios. Normalmente, cuando adquieres un programa te informan del precio y, habitualmente, también del coste del soporte o mantenimiento, o incluso de las renovaciones de las licencias anuales del programa. Pero entonces vienen los extras. Resulta que el sistema gestor de bases de datos que utiliza requiere también una licencia. Y quizás esta licencia también es renovable. Y quizás cuando necesitas nuevas versiones del programa habrá irla renovando con algunos extras... Y así hasta el infinito. Se hace muy difícil de decir cuánto vale un ERP, pero aún más saber cuánto te costará. Para evitar cualquier malentendido, a nuestros clientes los enumeramos en una lista, los costes asociados que puede conllevar la adquisición de una herramienta de este tipo. La lista puede variar de un caso a otro, pero en líneas generales se parece mucho a esta:

- Paso anual a nueva versión del ERP
- Paso de los datos del cliente a las nuevas versiones
- Paso de las adaptaciones a las nuevas versiones
- Actualizaciones contables de obligado cumplimiento
- Alojamiento libre a los servidores de NaN-tic, en la nube o los servidores propios del cliente
- Garantía absoluta. Resolución directa de incidencias sin dependencia del fabricante del *software*
- Monitorización del servidor
- Actualizaciones del sistema operativo del servidor
- Accesibilidad total al código y a la base de datos
- Copias de seguridad
- Alojamiento de copias de seguridad en servidor externo
- Conexión remota al servidor del cliente

- Licencias para usuario del ERP
- Licencias de base de datos
- Licencias de sistema operativo del servidor
- Licencias para *software* de acceso remoto
- Licencias para *software* de monitorización
- Horas del técnico para las actualizaciones del ERP, base de datos y sistema operativo del servidor

No todos los extras de la lista deben ser obligatorios o deben tener un coste, pero es imprescindible aclararlo. Es necesario que preguntes si cada uno de estos conceptos está incluido en el presupuesto que te han presentado y si no es el caso, pide que te detallen qué coste tendrán.

Por lo tanto, tienes que ir asumiendo que habrá que asignar un presupuesto anual al mantenimiento de la herramienta, y que habrá que hilar muy fino con el proveedor para que haga una simulación del coste anual que puede tener la adquisición y el mantenimiento de la herramienta en los, por ejemplo, primeros tres años.

Si el precio final de la operación supera tus previsiones más pesimistas, aún tienes dos cartuchos en la recámara: por un lado, valora hacer una implantación de la herramienta por fases. Es decir, comienza con el mínimo posible y haz crecer la herramienta en consonancia con la capacidad financiera de tu empresa. En este sentido, el *software* libre, aparte de eliminar todo el gasto relacionado con las licencias de uso, también suele dar más flexibilidad y permitir más adaptación a las circunstancias. Pregunta al proveedor qué es lo mínimo que requieres para arrancar y cuál sería el *roadmap* de la implantación en los siguientes años.

La otra posibilidad es apostar por lo que se conoce como *SaaS* (*Software as a Service*). Perderás flexibilidad porque el programa no se puede adaptar mucho (por no decir nada) a las necesidades corporativas, dado que estará instalado en un servidor externo (*cloud*). Esto permite pagar una cuota mensual por su uso y su mantenimiento, y permite olvidar nuevas versiones, renovación de licencias y otros conceptos poco atractivos para al director financiero. El problema es que depende de qué herramientas no te serán muy útiles, y las tendrás que descartar.

Conclusión: es complicado seleccionar el ERP que conviene, pero aún más saber el impacto que tendrá sobre las finanzas de la compañía. Asegúrate de que en todas las reuniones sobre el tema tienes al director financiero muy cerca.

El director general

Partimos de la base de que el director general es la persona que tiene una visión estratégica de la empresa. Y en una empresa moderna, la herramienta principal que ayuda a hacerla funcionar no puede pasar como un tema marginal. De hecho, la selección de una herramienta u otra tiene un claro componente estratégico según como la compañía enfoca los meses y años siguientes. No es lo mismo reforzar tecnológicamente la empresa para empezar a exportar, que para abrir nuevos puntos de venta. No es lo mismo prever un crecimiento pequeño y sostenido que un salto cualitativo importante fruto de una compra o de una inyección de capital. Dicho todo esto, muchas veces, el director general no tiene tiempo (ni a veces ganas) de seguir de cerca todo el proceso. Sin embargo, nuestra experiencia nos hace recomendar que el director general participe en la definición de las directrices iniciales básicas, que supervise el proceso de evaluación de las diferentes alternativas que haya sobre la mesa y que se implique en la decisión final.

Sólo a modo de ejemplo, estas son algunas preguntas que a nuestro entender debería formularse el director general para ayudar a tomar las decisiones más adecuadas:

- ¿Hay algún problema en que los datos estén fuera de la empresa?
- ¿Se prioriza una herramienta más cara pero cerrada o una más económica pero altamente personalizable?
- ¿Qué perfil de proveedor se busca? ¿De proximidad o de marca?
- ¿Preferimos subcontratar los desarrollos o queremos confiar en los informáticos de la empresa?
- ¿Qué lazos económicos y contractuales estamos dispuestos a aceptar?

Como se puede comprobar, todos los grandes interrogantes giran en torno a un punto central: la relación con el proveedor. Alguien dijo que elegir un proveedor, un *partner* (tal como se conoce en la jerga del sector), es como casarse. Es un paso importante que establece un vínculo a largo plazo y demasiado a menudo más fuerte de lo que se piensan los contrayentes.

Si insistimos en la idea de que la selección de la herramienta es un momento crítico en la historia de una empresa es porque no te podrás arrepentirte y cambiar de idea al cabo de cuatro días. Y entonces no te servirá de nada leerte la guía a toda prisa. Adquirir un ERP y vincularse a un proveedor debe hacerse desde el convencimiento de haber analizado debidamente todas las propuestas factibles que hay

en el mercado, y desde la convicción de que el proveedor es honesto, transparente y profesional.

En este punto queremos subrayar la necesidad de ser francos y directos en las negociaciones. ¿Qué sentido tendría decirle al posible proveedor que nuestra empresa tiene grandes restricciones de presupuesto, si después este proveedor tendrá acceso a todos nuestros datos contables? ¿Qué sentido tiene seguir una determinada estrategia de negociación si después el proveedor entrará hasta la cocina y le explicaremos cómo funciona nuestro proceso de compra? O, justo lo contrario, ¿qué sentido tendría pedir asesoramiento a alguien a quien no estamos dispuestos a explicárselo todo?

La relación de confianza plena es esencial y debe existir por ambas partes. Por bueno que sea el producto o buenas referencias que tengamos del profesional, si aparece la desconfianza, hay riesgos importantes. Valora, pues, la posibilidad de ir a tomar algún café con el implantador, antes de tomar una decisión equivocada.

Además, debes tener presente que en el proceso de implantación encontrarás empresas de todo tipo: desde las que no documentan nada y apenas te explicarán qué hacen, hasta las que lo documentan todo. Atención aquí también: una exhaustiva documentación de requerimientos no garantiza necesariamente el éxito del proyecto. Y es que es muy complicado que los usuarios lleguen a captar absolutamente todos los detalles de la nueva herramienta sólo leyendo un documento. Siempre habrá malentendidos, así que es probable que sea preferible un término medio: ni empezar a hacer cosas sin saber qué se está haciendo, ni esperar a tenerlo todo, absolutamente todo documentado antes de empezar. Tenerlo todo absolutamente detallado es una herramienta mejor para el integrador que para el cliente, ya que tener todos los detalles por escrito le permite decir: "esto no lo habíamos previsto".

Y he aquí el **CONSEJO NÚMERO 5: ante dos posibilidades sin grandes diferencias tecnológicas ni económicas, prioriza la buena sintonía y la complicidad con quien te la ha de instalar. Y difícilmente te equivocarás.**

> **Xavier Fuertes, Col·legi de Periodistes de Catalunya**
>
> *«Lo que recomiendo hacer cuando diriges o gestionas una empresa es ponerte en manos de expertos. [...] Para nosotros es un inconveniente estratégico estar en manos de una marca o de una empresa o de un pequeño grupo de personas que han desarrollado una herramienta tan importante sin la cual la empresa no puede ni abrir la puerta. [...] Ya tenemos dependencia con estas tecnologías; evitar la doble dependencia fue la razón principal por la que yo recomendé que el Col·legi de Periodistes fuese hacia el software libre.»* http://www.nan-tic.com/es/xavier-fuertes

Te has documentado mucho. Has seleccionado tres o cuatro personas claves que te han de ayudar a elegir la herramienta. Habéis definido algunos objetivos estratégicos de la compañía que la nueva herramienta debe ayudar a alcanzar. Llega la hora de la verdad. Es el momento que los proveedores esperan: que los llames, que les envíes un correo para decir que tu empresa está interesada en sus productos o servicios. Pero espera. No lo hagas todavía. Antes lee el siguiente capítulo de la guía.

7 / Las 10 preguntas que debes hacer antes de elegir la herramienta

Nuestra experiencia condensada en diez preguntas clave. Cuando te reúnas con los posibles proveedores, sigue este cuestionario por este orden y obtendrás la información necesaria para tomar la decisión acertada. Vamos allá.

#1 ¿Hace lo que necesito?

¿Verdad que parece una pregunta obvia? Pues hazla. Y piensa que la respuesta quizás no será tan simple como esperas. Las aplicaciones empresariales suelen tener un gran número de posibilidades y diferentes maneras de abordar los problemas. Y, por otra parte, también es fácil caer en el exceso de prestaciones. ¿La aplicación que te estás planteando adquirir hace muchas más cosas de las que realmente necesitas? ¿Esto influye en su coste? ¿O en la complejidad de uso? ¿O en su rendimiento?

Piensa, por ejemplo, en una herramienta para gestionar la producción de la empresa pero que requiera introducir información para planificarla, cuando es una necesidad que no tienes. Te puedes encontrar teniendo que recopilar e introducir información que sólo servirá para mantener el sistema "contento" porque ha sido concebido de esta manera, y no porque sea un requisito real de la empresa.

#2 ¿Hace lo que necesitaré mañana?

Las empresas evolucionan y si no lo hacen es mala señal. El mercado es dinámico y las necesidades van apareciendo constantemente. La pregunta, pues, es clara: ¿la herramienta permitirá futuras adaptaciones? ¿me permitirá crecer? o, al contrario... ¿me limitará el crecimiento?

Ya hemos dicho anteriormente que un ERP debería ser útil a la empresa durante muchos años. Se hace muy difícil pensar que, en todo este tiempo, el motor de nuestra empresa no necesitará ningún ajuste, que no habrá ningún cambio de normativa legal (¿alguien se cree que no habrá subida de impuestos, por ejemplo?), que

no cambiaremos algún aspecto relacionado con la producción, el almacenamiento o la distribución... ¿Qué pasará cuando todo esto ocurra? ¿Qué posibilidades dará la herramienta?

No te compres ninguna solución que incorpore muchas más funcionalidades de las que necesitas. Pero tampoco te quedes ninguna que te limite el crecimiento.

#3 ¿Qué coste anual tendrá su mantenimiento? ¿Qué sorpresas lleva el *software*?

Quieres un ERP y estás dispuesto a pagarlo. Pero ¿verdad que el año que viene también lo querrás tener? Pues seguramente deberás seguir pagando, aunque difícilmente los comerciales te lo van a explicar. Pide una simulación de costes a 1, 3 y 5 años vista. Interésate por los costes asociados a los cambios de versiones, a la renovación de las licencias, al servicio postventa, a la formación de nuevos usuarios.

Y pregunta también por los costes colaterales. ¿Para instalar este *software* tienes que invertir en un nuevo hardware? ¿Tienes que tocar las bases de datos? ¿Tienes que implementar o sustituir algún *software* preexistente? Exige transparencia desde el minuto cero. La necesitarás.

#4 ¿Qué pasa con las licencias?

Ya lo hemos explicado pero en el ámbito del *software* propietario lo más normal es que necesites una licencia para cada usuario que tenga que utilizar el programa. Si tu empresa tiene 30 empleados que tienen que trabajar sobre el ERP de una manera u otra y desde sus respectivas áreas, deberás asumir el coste de 30 licencias. Y, desde luego, si las cosas no van como esperas, no las podrás volver. Las habrás pagado para todo el año y no habrá nada a discutir con el proveedor.

Valora los beneficios y los inconvenientes del sistema de licencia en comparación con el *software* libre, que te permitirá hacer tantas instalaciones y dar tantos permisos como quieras sin ninguna repercusión en el coste del *software*. Y piensa lo mismo para el delicado momento de las renovaciones anuales.

Nosotros nos ganamos muy bien la vida gracias a clientes que no están dispuestos a pagar el precio abusivo que les reclaman los grandes fabricantes para la renovación anual de las licencias. Sabemos de qué hablamos.

#5 ¿Qué pasa con las nuevas versiones?

La actualización de versiones debería ser una buena noticia para la compañía porque se supone que sirven para mejorar el programa original, pero a veces parece que sólo estén pensadas para sembrar el pánico. Por un lado, hay que tener claro si la actualización del *software* incluida en el precio o si habrá que asumir un coste adicional, y, por otra, hay que cruzar los dedos para que no suponga la alteración de procesos que hasta el momento funcionaban de forma correcta. Además, cuando hay una nueva versión, hay que revisar qué mejoras aporta y, sobre todo, a qué adaptaciones puede afectar.

Un bajo ritmo de actualizaciones también puede ser un problema, porque puede indicar una baja flexibilidad del programa a incorporar los cambios y las mejoras necesarias.

Insiste en este aspecto. Que te cuenten bien como resuelven esta situación y qué recursos te supondrá. Y si te dicen que no tendrás que pagar nada, desconfía. Hay grandes fabricantes que sólo dan servicio técnico a los usuarios de las dos últimas versiones. El peaje es alto y, a menudo, oculto.

#6 ¿Qué vínculo tengo con el proveedor?

Leer la letra pequeña da mucha pereza. Pero te podemos asegurar que cambiar de proveedor da todavía más. De entrada, porque cuando cambias es mala señal. Significa que no te entiendes con la empresa que te tiene que prestar el servicio, que piensas que los sus profesionales no son suficientemente competentes o que no te están cobrando un precio justo.

Y también da pereza porque no necesariamente es un paso sencillo. Los contratos con los proveedores o *partners* de herramientas de gestión pueden incluir cláusulas o vínculos ocultos que demasiado a menudo no se explican en el momento de la negociación o de la venta. Hay fabricantes, por ejemplo, que obligan a pagar un

dinero cada año simplemente para tener el derecho a que el proveedor nos pueda prestar el servicio postventa. Otros se reservan la exclusividad de la instalación de nuevas versiones... En definitiva, que hay aclarar perfectamente este punto.

#7 ¿Mañana quien me apoyará? ¿Quién me ayudará?

Tener un ERP es fácil. Que haga lo que nosotros queremos no tanto. Partiendo de esta premisa y de nuestra experiencia, podemos asegurar que deberás acudir puntualmente a tu proveedor para resolver todo tipo de incidencias. Algunas pueden ser de origen; otras sobrevenidas por nuevas necesidades o cambios normativos; también tienen que venir nuevas versiones que pueden afectar las adaptaciones hechas con anterioridad... Este último aspecto es importante, porque no te vas a poder escapar. El escenario es el siguiente: como que tu empresa tiene unas necesidades específicas, harás modificaciones en el programa. Pero... ¿estas adaptaciones funcionarán cuando lleguen nuevas versiones? ¿O se tendrán que readaptar? Y si es así, ¿a qué precio?

Te conviene no despreciar en absoluto el servicio postventa de la herramienta, hasta el punto que debería ser un elemento clave a la hora de tomar la decisión final. Las preguntas a las que debes buscar respuesta en este punto pueden ser las siguientes: ¿Quién me dará el soporte? Cuando tenga un problema ¿quién me lo resolverá y de qué manera? Y si la incidencia se debe a un error del programa ¿alguien me lo podrá resolver? ¿o el fabricante se desentenderá? No olvides nunca que todos los programas tienen errores y si te dicen lo contrario, es que el apoyo que ofrecen es pésimo o inexistente.

Dicho de otro modo... no solo tienes que buscar un buen programa, también debes buscar un buen proveedor. Busca a alguien que te genere confianza, que veas preparado tecnológicamente y, sobre todo, que entienda tu negocio y tu manera de trabajar. También te recomendamos que llames a alguno de los clientes del potencial proveedor (seguro que encuentras los casos de éxito en su web) y que les preguntes sobre el servicio postventa que ofrecen. Un par de llamadas te pueden ahorrar muchos disgustos.

#8 ¿Puedo disponer de una "demo" para probarla cuando yo quiera?

Estás a punto de comprar un coche de 25.000 euros. ¿A qué te gustaría probarlo antes? ¿Y no lo harás con un *software* que quizás te cuesta 2 o 3 o 4 veces más? Solicita una demostración. Pero no que venga alguien con un ordenador y te enseñe una versión de prueba, no. Pide que te instalen el programa en tu ordenador durante un par de semanas, que lo puedas probar y examinar, que te familiarices. Es necesario que te aparezcan las dudas, que veas lo que te gusta y lo que no. Se trata de que puedas simular los procesos de tu empresa con datos reales, de cómo gestionarás las excepciones o los escenarios poco frecuentes, que compruebes que la lógica de la herramienta va sincronizada con la lógica de tu empresa. Se supone que el *software* debería adaptarse a tus necesidades y no al revés.

Es posible que el comercial de turno no reciba esta idea con mucho entusiasmo, pero insiste. No hay nada mejor que probar lo que estás dispuesto a comprar.

#9 ¿Puedo formarme antes de comprar el *software*?

Es una pregunta poco habitual, pero fundamental. Una vez tengas claro qué herramienta te parece que es la más adecuada y que se ajusta mejor a las necesidades actuales y futuras de tu empresa, te recomendamos que contrates una formación al mismo proveedor antes de contratar el servicio o de comprar el *software*. Sería como la pareja que pasa unos meses de convivencia antes de decidir casarse.

Aquesta formació no seran mai diners perduts. En primer lloc, perquè si el programa és l'adequat, ja tindràs la formació feta. Feina avançada. Però si resulta que el programa no és l'adequat, la formació t'haurà permès no prendre una mala decisió, que no és poca cosa. No casar-te amb la persona amb qui no encaixes sembla oportú, oi? Però és que, a més, hauràs adquirit nous coneixements sobre les possibilitats del tipus d'eines que vols adquirir i de la tecnologia que hi ha al mercat. Això et permetrà buscar alternatives i reavaluar les que en principi havies descartat. En tot cas, sempre és una inversió en know-how que queda a l'empresa.

Conclusión: no te cases hasta que estés totalmente convencido. Y sigue el **CONSEJO NÚMERO 6: contrata una formación del *software* que pienses que te acabarás quedando, pero no tomes tu decisión definitiva hasta que hayas terminado la formación.**

#10 ¿Responde a mi estrategia empresarial?

La última pregunta te la tienes que preguntar y responder tú mismo. Una vez tengas la respuesta a las nueve preguntas anteriores tendrás, por un lado, un montón de información y conocimiento; por el otro, tendrás a un buen número de comerciales histéricos para cerrar la venta.

Es el momento de tomar la decisión. La herramienta debe resolver tus necesidades actuales… y las futuras. Y, por lo tanto, debe responder a una estrategia y a una filosofía empresarial. Piensa en qué modelo de gestión quieres para tu compañía y cuál de los programas evaluados responde mejor a esta idea. Y revisa también si la herramienta viene para resolver los objetivos que te habías marcado inicialmente o si por el camino estás soñando en cosas que no resuelven los problemas que tienes encima de la mesa.

8 / Decide

¿Verdad que parecía imposible? Pues ya has llegado al final del proceso. Y si todo ha ido como debería ir, deberías tener bastante clara la idea de qué programa necesitas y qué programa te quedarás. Y también deberías saber a quién se lo comprarás.

Te has documentado sobre fabricantes y distribuidores. Has analizado las necesidades presentes y futuras. Has comparado tecnologías y modelos de negocio. Has conocido comerciales agradables y otros con los que no compartirías ni un viaje en ascensor. Has detectado posibles trampas y lazos ocultos. Has visto precios desmesurados y demasiado diferentes entre sí.

Y has compartido todo este proceso con una parte del personal de la compañía. Ha llegado la hora de ejercer el derecho a decidir. Tú que puedes, aprovéchalo.

Y para ello, coge un papel y apunta los pros y los contras de los dos o tres productos que hayan llegado a la final del campeonato de "Vamos a Elegir un ERP". Expón tus conclusiones a tus compañeros y muéstrales cuáles son los argumentos a favor del producto y a favor del proveedor que propones. Y si estáis todos de acuerdo en la decisión, no hagas sufrir más al comercial y llámale.

9 / Los consejos imprescindibles

Consejo número 1: comienza a quitarte de la cabeza la idea de seleccionar el programa rápidamente y de ponerlo en marcha en pocos días o semanas.

Consejo número 2: la primera búsqueda debe ser más exhaustiva de lo que pensabas. Deberás dedicar más tiempo, ampliar el zoom y alejarte de los mensajes comerciales intencionados.

Consejo número 3: al hacer la búsqueda, no descartes nunca las soluciones en *software* libre. Analízalas y valóralas sin prejuicios y pensando en el beneficio para tu empresa.

Consejo número 4: ni se te ocurra escoger una herramienta de gestión tú solo. Aunque suponga invertir tiempo de otros empleados y directivos de la compañía, escucha atentamente su opinión y hazlos participar de la decisión final.

Consejo número 5: ante dos posibilidades sin grandes diferencias tecnológicas ni económicas, prioriza la buena sintonía y complicidad con quien tiene que instalarla, y difícilmente te equivocarás.

Consejo número 6: contrata una formación del *software* que pienses que te acabarás quedando, pero no tomes tu decisión definitiva hasta que hayas terminado la formación.

10 / Glosario

Demasiado a menudo, los profesionales del *software* de gestión empresarial utilizamos un léxico que es tan habitual para nosotros como exótico para nuestros interlocutores. Empleamos expresiones, anglicismos o términos muy técnicos que, o bien se desconocen, o bien se prestan a confusión.

No queríamos terminar esta guía sin hacer un pequeño glosario de términos que suelen utilizarse en un proceso de selección de una herramienta de estas características con el objetivo de despejar dudas y aclarar conceptos.

Estas expresiones son las que nos han parecido imprescindibles:

Base de datos. Según la Wikipedia, una base de datos es un conjunto de datos organizados según una estructura coherente, y accesibles desde uno o más programas o aplicaciones. En definitiva, es a un ERP lo que la gasolina a un motor. Tener los datos bien almacenados es el primer paso (de varios) para la gestión correcta y eficiente de una empresa.

Business one. Es el producto estrella de la compañía alemana SAP para la gestión de PYMES. Es un programa privativo que se vende con el tradicional sistema de licencias y que está bastante extendido entre muchas compañías.

Cloud. El *cloud* o *cloud computing* es una nueva manera de ofrecer servicios informáticos y que se fundamenta en el acceso a Internet o a la red de datos. La idea es que la tecnología está alojada y centralizada en unos servidores externos, y el usuario paga por acceder a través de Internet. Esto le ahorra gastos de mantenimiento y hardware, y le permite pagar sólo cuando tiene que utilizar los servicios que desea.

Consultoría. El proceso de implantación de un ERP en una empresa siempre pasa por una primera fase de consultoría. El objetivo es diagnosticar adecuadamente cuáles son las necesidades reales de la empresa y las expectativas de sus gestores para poder hacer después correctamente la programación e implantación del *software*.

CRM. El *Customer Relationship Management* es la herramienta que venera el departamento de marketing. Permite controlar, analizar y gestionar todas las oportunidades de negocio, así como las relaciones con los clientes ya consolidados. Su integración con el ERP es clave para tomar decisiones estratégicas en el ámbito de las ventas.

E-Commerce. Todo el mundo sabe qué es el e-Commerce, pero todo el mundo nos pregunta cómo se relacionan las plataformas de venta *online* con los ERP. Hay que estudiar cada caso, pero siempre somos de la opinión que es necesaria la máxima integración para sincronizar al máximo la evolución de los respectivos programas. En todo caso, debes saber que las soluciones de comercio electrónico más populares del mundo se han desarrollado con s*oftware* libre.

ERP. Si estás leyendo esto, mala señal. Toda la guía va sobre ERPs, que son los programas que articulan la gestión de una empresa (también conocidos como *Enterprise Resource Planning*). La idea general era contarte cómo afrontar el complejo proceso de selección de este tipo de herramientas.

Formación. La formación es otro momento importante en el proceso de implantación de un ERP. Casi siempre se hace al final del proceso, una vez arrancado el programa y se debe explicar a los usuarios cómo hacerlo funcionar. Pero en esta guía hemos insistido mucho en la necesidad de encargar una formación previa dirigida a quien deba decidir la herramienta que se acabará instalando. Esto le garantizará un conocimiento profundo de las posibilidades del producto y le permitirá minimizar los riesgos de la decisión.

Implantación. Instalar un ERP no es como descargarse una aplicación para el móvil. Requiere horas de planificación y de programación antes de llegar a este punto, que es cuando se instala en el hardware de la empresa. Es un momento delicado que si no se hace con profesionalidad puede llevar los nervios y la tensión al límite. Hay confiar en el proveedor elegido y asumir que siempre habrá que hacer ajustes posteriores.

Licencia. Término temido y odiado por los usuarios de *software* privativo, porque es sinónimo de dinero a cambio de un uso individual de un programa. En cambio, es completamente inofensivo para los que defendemos y recomendamos el uso de soluciones basadas en el *software* libre.

OpenERP/Odoo. Es una de las soluciones de gestión empresarial más populares en código abierto. De hecho, nosotros empezamos recomendando e instalando esta solución, pero la falta de una planificación a medio y largo plazo de desarrollo y liberación de nuevas versiones, combinada con la aparición de nuevos lazos poco transparentes con los usuarios nos desencantó. Ahora, a nuestros clientes les recomendamos Tryton (véase el último punto del glosario).

Navision. Otro ejemplo de ERP privativo muy extendido y, en este caso, fabricado por Microsoft. Podríamos decir que es el clásico del sector, con una gran cantidad de usuarios en todo el mundo, ya que fue lanzado al mercado a mediados de los años 80. A pesar de permitir más personalización que otras soluciones como SAP, la política tan agresiva de Microsoft en cuanto a las licencias le está haciendo perder cuota de mercado en favor de herramientas en código abierto.

Partner. Es el distribuidor de toda la vida, pero que en el ámbito del *software* de gestión nos gusta llamarle *partner*. Como ya hemos explicado en las páginas anteriores, es básico que establezca un clima de confianza mutua para afrontar la instalación del ERP.

Programación. La programación es con lo que nos ganamos la vida los informáticos, y especialmente los que trabajamos con *software* libre y no nos dedicamos a vender licencias de productos. Principalmente desarrollamos todo lo que nos pida el cliente para optimizar al máximo el uso del nuevo programa. Mucha parte del trabajo tiene que ver con la integración con las bases de datos o con el *software* ya preexistente en la empresa. También hacemos adaptaciones a las nuevas versiones y atendemos necesidades sobrevenidas.

***Software* libre.** Hemos dedicado todo un capítulo a explicar qué es el *software* libre u *open source*. Hemos detallado las ventajas y los inconvenientes, y nos hemos desahogado con los modelos de negocio que hay alrededor de esta filosofía. Resumiendo: es el *software* que se puede utilizar, copiar o modificar sin ningún tipo de restricción. Su uso es gratuito y cualquiera puede ver cómo está construido y modificarlo según crea conveniente.

SaaS. Tiene mucho que ver con el *cloud computing*. De hecho, es una consecuencia de alojar la tecnología en los servidores externos. Es el acrónimo de *Software* as a *Service* y la idea es la de alojar los datos y la tecnología en el *cloud,* y consumirlas según nuestras necesidades como un servicio y no como un producto. Esto permite ahorrar en mantenimiento y otros gastos asociados.

Glosario / 33

Tryton. Es nuestra apuesta como ERP. Es el producto robusto, transparente, flexible y abierto que recomendamos a nuestros clientes y sobre el que construimos sus perspectivas de negocio (y también las nuestras, para qué negarlo). Tecnológicamente está al mismo nivel o por encima de otras soluciones mencionadas en este mismo glosario. Vale la pena tenerlo en cuenta.

11 / Anexo

Algunas consideraciones sobre el *software* libre que no queremos dejar de exponer en esta guía. Porque, no nos engañemos, el *software* en código abierto aún genera reticencias, aunque sea por desconocimiento. Muy a menudo nos encontramos con tres preguntas recurrentes sobre nuestro ámbito de negocio que merecen ser contestadas.

¿El *software* libre es fiable?

Hace unos años, la imagen del *software* libre no era la mejor. Parecía algo reservado para ocupar las horas de ocio de los informáticos que trabajaban para las grandes empresas de *software*. Parecían productos absolutamente alternativos que en ningún caso podían ser competencia al *software* tradicional. Y decimos "parecían" porque muchos de ellos ya mostraban una robustez inicial que ya quisieran muchos programas privativos. Pero admitamos que había que hacer un acto de fe importante para confiar en este tipo de programas, en el que casi nunca se ha invertido ni un euro en marketing.

Afortunadamente esto ha cambiado. Y lo podemos demostrar. De hecho, el *software* libre ha pasado de ser algo extraño a ser extraordinariamente común en nuestras vidas. Sistemas operativos para móviles y tabletas tan populares como Android o Firefox OS, navegadores como Chrome, Firefox o Safari o el sistema de impresión de Macintosh son ejemplos de soluciones totalmente, o en un gran porcentaje, desarrolladas sobre *software* libre y que utilizan diariamente millones de personas en el mundo. Dicho de otro modo, es francamente complicado encontrar a alguien que no tenga una herramienta que se haya desarrollado con programas *open source*.

Y por supuesto otros ejemplos más clásicos como OpenOffice o LibreOffice (suites ofimáticas altamente compatibles con Microsoft Office), GIMP (un editor de imágenes), Wordpress (el CMS sobre el que se construyen la mayoría de páginas web), SugarCRM (gestor de oportunidades de negocio) o las tiendas de *e-commerce* más importantes. Hasta el punto que en algunos ámbitos, el *software* libre es el único que se ha instaurado. Un buen ejemplo son Magento y Prestashop, herramientas para construir tiendas *online* que se han convertido en las auténticas dueñas de este sector en el que se utilizan muy pocas soluciones de *software* propietario.

Aparte de estas herramientas muy extendidas, también vale la pena mencionar que la infraestructura informática de empresas como Google, Facebook, Twitter o entidades bancarias utilizan mucho *software* libre. Por lo tanto, resulta evidente que el *software* libre ya no es un simple entretenimiento de los informáticos. Estamos delante de una manera de entender el *software* que está cambiando los paradigmas de la industria a todos los niveles. Y, por lo tanto, estamos ante unos productos extraordinariamente fiables.

Un último apunte: según el observatorio CENATIC (organismo público español), el 91% de empresas TIC de España utiliza *software* libre de una forma o de otra.

> **Quim Gil, *Wikimedia***
>
> «Creo que hoy en día estamos dejando un poco atrás aquella situación en la que, por defecto, tú compras licencias y si quieres usar software libre, tienes que dar explicaciones al Consejo de Administración. Ahora, una empresa innovadora "normalita" de Estados Unidos debe dar una explicación de por qué ha tenido que pagar alguna licencia para algo.»
> http://www.nan-tic.com/es/quim-gil

¿De donde sale el *software* libre? ¿Cómo se fabrica?

Muy bien. El *software* libre es algo abierto, transparente y gratuito. ¿Pero quien lo fabrica? Y ¿cómo se gana la vida la gente que invierte su tiempo en esto?

Posiblemente no haya nada que asuste más a los potenciales usuarios del open source que pronunciar la frase "No hay ninguna empresa que fabrique este programa". La reacción inmediata es poner el open source en el cajón mental de las cosas que no nos interesan y que nos pueden aportar más problemas que soluciones. "¿A quién pediré ayuda cuando haya un problema? ¿A quién reclamaré?" Suelen ser las frases por defecto que se devuelven al interlocutor.

Calma. Si tuvieras una enfermedad desconocida y necesitaras atención médica, ¿qué preferirías?: ¿tener al alcance todo tu historial médico y poder elegir el médico o los médicos de quien quisieras un diagnóstico o tener que ir a la única clínica donde tienen tu información? Un informático viene a ser como un médico de

ordenadores y cuando uno puede acceder al código fuente, siempre tendrá recursos para intentar curar al paciente. En cambio, estar cautivo de una única clínica debería ser más preocupante.

Pero dejemos los médicos tranquilos por un rato y centrémonos en la frase que ha sembrado el pánico. Efectivamente, detrás de muchos productos hechos con *software* libre no hay un único fabricante. De hecho, suele haber muchos profesionales y con muchos puntos de vista diferentes. El *software* libre está construido a partir de la cooperación y no de la competición. Esto quiere decir que la mejora que cualquier cliente reclama a su informático o a su proveedor puede ser aprovechada de inmediato en la otra punta del mundo sin ninguna restricción.

Todo ello se traduce en el hecho de que todo el mundo está interesado en hacer evolucionar el programa, mejorarlo constantemente. Y además, haciéndolo desde puntos de partida radicalmente diferentes. El resultado suele ser el de un *software* mucho más vivo, que ha sido diseñado por ingenieros informáticos con puntos de vista radicalmente diferentes y que ha respondido a cientos de retos planteados por usuarios de cualquier punto del mundo. Podríamos decir que sería muy difícil encontrar laboratorios informáticos de I + D + I con mejores resultados que los que ofrecen los programas de código abierto.

¿De qué viven las empresas que desarrollan *software* libre?

Así de entrada, invertir tiempo en hacer algo que después regalas no parecería el mejor negocio del mundo. Por eso, mucha gente nos pregunta qué modelo de negocio hay detrás del *open source*. De hecho, nos lo preguntan más directamente: "¿De qué vivís?". Una pregunta muy razonable. Y más cuando hay empresas que utilizan el *software* libre como reclamo comercial y no como filosofía de trabajo.

Pero la verdad es que hay muchos posibles modelos de negocio alrededor del *software* libre. Vamos a repasar los más significativos para entender qué tipo de proveedor podemos encontrarnos si optamos por este tipo de herramienta.

Ejemplo 1: empresa o profesional que crea y mejora un producto

Hay que tener mucho tiempo, conocimientos y experiencia, pero hay varios ejemplos de personas y empresas que viven de haber desarrollado ellos mismos un producto de *software* libre. Hasta aquí el negocio es ruinoso pero, después, estas personas ofrecen algunos servicios, normalmente de desarrollo sobre este producto bien sea porque sus clientes les piden mejoras específicas para ellos o porque un grupo de clientes reclaman una evolución del producto.

Normalmente estamos hablando de autónomos y empresas muy pequeñas. Algunos buenos ejemplos pueden ser los siguientes:

Emweb, (http://www.emweb.be), es una pequeña empresa belga. Son los creadores de una herramienta muy interesante llamada Wt (http://www.webtoolkit.eu) para la creación de aplicaciones web con los lenguajes de programación C ++ y Java.

Richard Stallman: además de ser uno de los principales impulsores del *software* libre a escala mundial también creó un programa para editar texto llamado Emacs y se ganaba la vida cobrando por las mejoras que le pedían algunos usuarios. Hay que tener en cuenta que es un programa muy extendido y proporcionalmente tenía pocos encargos.

Ejemplo 2: colaboración entre varias empresas de servicios

Es una cierta evolución del caso anterior. Por la naturaleza del producto, en lugar de haber una sola persona o una empresa pequeña que saque un beneficio económico del ecosistema que crea un programa, son varias las personas y empresas que lo hacen. De alguna manera, aquellos que colaboran en el proyecto comparten los costes de mantenerlo entre todos y se ganan la vida ofreciendo servicios sobre el producto a otras empresas.

Un buen ejemplo es Tryton. Tryton es un ERP, un programa de gestión empresarial principalmente impulsado por la empresa belga B2CK, pero en el que colaboran activamente otras empresas a hacerlo crecer gracias a las demandas que hacen sus clientes.

Para que nos entendamos, nosotros nos ganamos la vida así.

Ejemplo 3: fundaciones que gestionan recursos

Saltamos de pantalla y vamos a la de los proyectos bastante grandes. Aquí hay intereses de grandes empresas, las cuales, a diferencia de los casos anteriores, no viven directamente del programa o de servicios alrededor del programa en código abierto. Un ejemplo fácil de entender es el del sistema operativo para tabletas y móviles FirefoxOS. Este *software* libre está desarrollado por la Mozilla Foundation, que recibe aportaciones de empresas tan poco dadas a la filantropía como Movistar.

Más ejemplos son la Apache Foundation, que, como en el caso anterior, mantiene numerosas aplicaciones, o la Document Foundation (que está detrás del paquete ofimático LibreOffice), así como la Eclipse Foundation, la Python Foundation y muchas más. No hace falta decir que, a menudo, no sólo hay grandes empresas financiando las fundaciones, sino que también puede haber personas físicas que colaboran porque son usuarios satisfechos.

Ejemplo 4: crear una versión libre y una privada y que la gente ejerza el derecho a decidir

Hasta ahora hemos hablado de *software* libre sin limitaciones, pero cuando las empresas se quieren dedicar al desarrollo de *software* libre y, además, tener un fuerte crecimiento, se encuentran con el problema que esto es incompatible. ¿Cómo se puede tener un fuerte crecimiento si todo lo que haces lo pones disponible gratuitamente en Internet en formato de barra libre?

No es muy original, pero algunas empresas han optado por utilizar el *software* libre como reclamo publicitario pero ofrecer algo "mejor" que no es libre. El caso más habitual es crear una versión del programa llamada *Community,* que es la libre y gratuita del programa. Se suelen habilitar foros para que los desarrolladores que quieran hagan aportaciones, pero a la hora de la verdad difícilmente se incorporan cambios realizados por personas ajenas a la empresa fabricante.

Aparte de la versión *Community* también ofrecen la versión *Enterprise* (o cualquier nombre que se le parezca), que incorpora más funcionalidades, por lo que aquellos que quieran estas mejoras tendrán que pagar y, normalmente, la licencia ya no será libre. Cabe decir que, en muchos proyectos de éxito, la versión *Community* está ampliamente utilizada y sólo empresas muy grandes optan por la versión Enterprise, por lo que hay varias empresas de éxito con este modelo.

Veamos algunos ejemplos:

JasperSoft: editora de varias soluciones integradas de *Business Intelligence* y con una trayectoria consolidada.

Pentaho: como en el caso anterior, también ofrecen una solución completa e integrada de *Business Intelligence* y con muchos años en el mercado.

OpenBravo: en este caso se trata de una empresa con capital catalán que ha creado un ERP (una herramienta de gestión empresarial). Ofrecen una versión Comunidad libre, pero relativamente limitada, de modo que algunas áreas, como la de producción, son de pago y con una licencia privativa. El usuario puede disponer del código, pero no lo puede redistribuir ni, por lo tanto, mejorar y reducir costes a largo plazo. ¿Es *software* libre? Mmmmm... ¿El vegetariano que el fin de semana se hace una barbacoa es un vegetariano? Pensemos en ello.

Magento: es una de las soluciones *e-commerce* más utilizadas a nivel mundial. La versión básica es gratuita, libre, abierta y lo que quieras, pero si necesitas ciertos extras desarrollados, tienes que pasar por caja.

Ejemplo 5: vender *software* que es casi libre

También está el caso de empresas que han renunciado a hacer estas dos versiones y que han optado por fidelizar a sus clientes con algunos vínculos no del todo transparentes.

Este es el caso de OpenERP, que ofrece el programa de forma gratuita, pero cuando alguien quiere pasar a la siguiente versión del programa no dispone de ningún proceso que lo permita. Así que o bien se lo desarrolla él (algo prácticamente imposible y muy poco práctico) o termina pagando a OpenERP SA para que le haga el trabajo.

En este caso se aprovechan de uno de los principales errores que cometen las empresas a la hora de seleccionar una herramienta de gestión: no tener en cuenta la evolución del producto. Es decir, no calcular qué costes tendrá el mantenimiento y la evolución del software en los años posteriores.

Ejemplo 6: doble licencia

El último ejemplo de modelo de negocio sobre *software* libre es el de doble licencia y es quizás el más complicado de entender, porque lo suelen llevar a cabo empresas que ofrecen la solución a otras empresas de informática.

En este caso, la empresa desarrolla un producto totalmente libre pero mantiene la propiedad intelectual. Esto le permite ofrecer el programa con la licencia libre y al mismo tiempo ofrecer con una licencia no libre. Algunos tipos de licencias libres obligan al usuario a que si hace cambios, cuando se redistribuya el programa deberá redistribuir también sus cambios. Esto hace que las empresas que quieren dedicarse a hacer *software* propietario no pueden utilizar un programa libre como punto de partida.

La doble licencia permite al fabricante ofrecer el programa totalmente libre y gratuito a todo el que lo consuma con las reglas de la licencia libre, mientras que aquel quien quiera utilizarlo, modificarlo y cobrar licencia a sus clientes deberá pagar al fabricante. De esta manera se permite al "consumidor" elegir qué normas del juego puede seguir: libre o propietario.

Es complicado, pero hay quien ha llegado a ganarse la vida con esto.

www.ingramcontent.com/pod-product-compliance
Lightning Source LLC
Chambersburg PA
CBHW040818200526
45159CB00024B/3025